DOUTES

ÉCLAIRCIS

PAR UN CONSTITUTIONNEL.

SECONDE ÉDITION,

revue et corrigée.

par Vigoiner Bazin

Prix : 30 centimes.

SE VEND

Au Mans, chez l'AUTEUR, rue Sainte-Ursule, Nº 8.

A Angers, chez HAINAULT, libraire, place du Pilori.

1817.

DOUTES ÉCLAIRCIS

PAR UN CONSTITUTIONNEL.

DIALOGUE.

ARISTE. Que je vous plains, Philinte! vous êtes riche; vous jouissez de l'estime publique; vous êtes le chef d'une famille aimable et considérée : votre vie s'écoule dans des travaux honorables, au sein d'une paix profonde.... Hélas! que je vous plains!

PHILINTE. Je ne suis point heureux. La-paix dont vous parlez n'habite point dans mon ame. Sans la sécurité, point de repos, point de bonheur.

ARISTE. Vous ressembleriez donc à ces hommes que la prospérité tourmente? Les faveurs de la fortune seraient donc un poison pour vous? Qui peut troubler votre sécurité? Quels dangers vous menacent?

PHILINTE. Bon dieu! quels dangers! L'avenir est affreux.

ARISTE. Votre imagination est bien malade!

PHILINTE. Et la vôtre bien aveugle! Vous accueillez toutes les illusions, et vous les appelez des espérances. Vous êtes comme les Juifs qui, depuis trois mille ans et plus, attendent le messie tous les jours. Qui de nous deux a l'esprit le plus sain?

ARISTE. Celui qui contemple l'avenir sans crainte, et le malheur sans faiblesse. Quand la peur nous surprend dans les ténèbres, il faut allumer les bougies. Tâchez de voir clair autour de vous et dans vous : les fantômes qui vous assiégent disparaîtront bientôt. Allons, Philinte, du courage et de la confiance. Contez-moi le sujet de vos inquiétudes : en est-il que vous deviez tenir cachées, même aux instances de l'amitié?

PHILINTE. Grâce à dieu, je ne connais point ces peines domestiques dont l'honneur et l'amour-propre font une loi de garder le secret. Le succès a couronné mes entreprises et mes travaux. Je n'aurais plus rien à desirer, si j'étais sûr d'en conserver le fruit. Mais, mais, je le répète, l'avenir est affreux.

ARISTE: Et moi, plus je l'envisage, plus il me console du présent.

PHILINTE. Oh! je sais qu'en fait de chimères, vous choisissez toujours celles qui vous bercent le mieux : vous rêvez le bonheur, ne pouvant l'avoir.

ARISTE. Et vous le reniez, quand vous l'avez. Où trouverait-on, par exemple, une femme plus sage que la vôtre, plus attachée à ses devoirs de mère et d'épouse, plus intelligente, plus spirituelle?

PHILINTE. Oui, ma femme mérite tous ces éloges. Mais, mais, hélas! la petite église.

ARISTE. Elle suit donc la petite église?

PHILINTE. Comme vous, les idées libérales.

ARISTE. C'est beaucoup dire. Eh bien! quel mal peut-il en résulter pour vous? Auriez-vous aperçu quelque altération dans son humeur, dans ses affections? Devient-elle triste et grondeuse? Se mêle-t-elle de discussions théologiques? Se laisse-t-elle maîtriser par l'ascendant de quelque esprit remuant, impérieux, fanatique?

PHILINTE. Non : son caractère est toujours égal; sa douceur est toujours inaltérable, et son jugement toujours droit. Mais, mais, je vois avec chagrin cette division entre les prêtres d'une même église; je crains qu'elle ne se répande dans les familles, et qu'elle ne trouble les consciences. Les écrits de ces messieurs me font trembler. De part et d'autre on oublie que la charité est la première vertu du chrétien, et vous savez jusqu'où va la passion dans les querelles de cette espèce.

ARISTE. Autrefois le public prenait part à ces querelles. La bulle *Unigenitus* a été le sujet de débats fort scandaleux dont l'importance s'est accrue par l'intervention du gouvernement. Mais aujourd'hui que de plus grands intérêts nous occupent, et qu'un ministère impartial s'en tient à faire respecter la liberté des consciences, quel danger y a-t-il dans la guerre que se font ces messieurs? La religion n'en peut souffrir aucun dommage; car tous sont d'accord sur le fond de la doctrine. Laissons-les s'anathématiser réciproquement pour des différences d'opinion sur le degré d'infaillibilité du pape : leur animosité n'étant irritée ni par nos applaudissemens, ni par notre opposition, tombera bientôt d'elle-même. Ils finiront par en rougir, et sentiront qu'il est tems que les lévites rentrent dans le sanctuaire.

PHILINTE. Mais, mais, la petite église attaque les biens nationaux; et moi j'en ai, Ariste.

ARISTE. Vous les garderez, Philinte.

PHILINTE. Parce que vous le voulez ainsi, n'est-ce pas?

ARISTE. Je le veux; le roi le veut; vingt millions de Français et le bon sens le veulent. Après que Charles-Martel eut fait présent à ses capitaines de la meilleure partie des biens ecclésiastiques, fut-il excommunié? Son fils Pepin ne fut-il pas sacré roi des Fançais par le pape Zacharie? Son petit-fils Charlemagne ne fut-il pas couronné empereur d'Occident par le pape Léon III? Et pourtant les vassaux de Charles-Martel avaient transmis à leur postérité le fruit de la spoliation du clergé français. Et les biens des protestans bannis par Louis XIV, ont-ils été rendus? Il y a des malheurs irréparables : la vente des biens nationaux en est un. Il faut que cela soit ainsi, puisque le roi l'a confirmée : c'est un sacrifice que sa haute sagesse impose à ses plus fidèles serviteurs. Soyons certains qu'ils ne résisteront ni à la volonté royale, ni à la nation, ni à la nécessité, ni à la prescription du tems; ou que s'ils méconnaissaient assez leurs devoirs et leurs véritables intérêts pour se refuser au sacrifice, tout le danger serait pour eux. Ne craignez donc ni la restitution des biens nationaux, ni la petite église, ni l'influence qu'elle pourrait avoir sur l'esprit de votre femme : jouissez sans chagrin de votre fortune : elle passera toute entière à vos enfans.

PHILINTE. Mes pauvres enfans ! suis-je bien assuré d'avoir travaillé pour eux? Me répondez-vous d'une longue paix ?

ARISTE. Oui.

PHILINTE. Il décide, il tranche : c'est le docteur *Tant-mieux.*

ARISTE. Dites-moi, Philinte : est-ce à la France que l'Europe a fait la guerre?

PHILINTE. C'est à Napoléon; car, si elles en eussent voulu à la France, les puissances coalisées l'eussent partagée entr'elles.

ARISTE. Bien. Quel intérêt auraient-elles donc à renouveler la guerre.

PHILINTE. Je n'en vois aucun pour le moment ; mais, mais, par la suite.....

ARISTE. Par la suite, aucun intérêt commun ne pourra de longtems les rallier contre nous. Les divers états rentrent insensiblement dans leurs rapports naturels; et ces rapports s'opposeront de jour en jour à une coalition générale. L'équilibre politique, rompu par Bonaparte, tend à se rétablir. D'ailleurs, tous ces gouvernemens sont obérés; et la paix seule, une longue paix, leur donnera les moyens de relever leurs finances. Vos deux fils vous resteront, Philinte; et vos filles ne resteront pas.

PHILINTE. Que dieu vous entende! Ces chers enfans, tout le monde m'en dit tant de bien!

(38)

ARISTE. Ce pauvre ami ! comme il est malheureux !
Il a un peu plus de quinze mille livres de rentes : sa
femme est un ange de bonté : ses fils, tout le monde en
dit du bien : ses filles sont encore plus aimables que
jolies....

PHILINTE. Me soutiendrez-vous aussi que le tems est
bon pour marier les filles ? Hélas ! hélas ! la corruption
du siècle a gagné tous les états, tous les âges. L'esprit
d'indépendance et ce beau progrès des lumières, que
nous devons à la philosophie, ont tourné les jeunes
têtes : l'autorité paternelle n'a plus de force : la religion,
la morale ne sont plus, aux yeux des jeunes gens, que
d'insipides radotages faits pour endormir les petits
esprits : votre système d'égalité de droits les excite à
sortir de leur sphère, en permettant toutes les espérances à leur présomptueuse ambition. Ils ne rêvent
que fortunes brillantes, hauts emplois, grandes digni-
tés ; ils dédaignent le mariage comme une entrave qui
retiendrait l'essor de leurs facultés, s'opposerait à
l'accomplissement de leurs vastes desirs, et gênerait
l'inconstance de leurs goûts. Tout cela n'est-il pas
évident, monsieur l'optimiste ?

ARISTE. Et pourtant on se marie tous les jours. Con-
venez avec moi que vous avez prodigieusement chargé
le tableau. L'esprit d'indépendance est allé d'abord
jusqu'au délire ; il s'est assoupi sous Bonaparte ; main-
tenant il se réveille pour subir une heureuse métamor-
phose : ce sera désormais l'esprit de liberté contenu par
la religion, les mœurs et les lumières. De notre tems,

la philosophie était agressive, parce qu'elle voulait renverser des institutions jadis bonnes, et devenues mauvaises ; aujourd'hui la philosophie est d'accord avec les lois, et sa fonction est de recommander aux citoyens le respect pour la religion, dont les ministres ne rejètent plus ces lois ; pour le monarque, qui s'en est fait le garant ; pour les mœurs, qui sont moins dépravées encore qu'elles ne l'étaient dans les tems d'ignorance. La main sur la conscience, combien avez-vous refusé de partis pour vos filles ?

PHILINTE. Beaucoup, il est vrai. Les uns péchaient par la famille, d'autres par la fortune, d'autres par de certaines convenances plus ou moins graves. Mes filles ne les voulaient que jeunes, beaux, bien faits, élégans, aimables......

ARISTE. Et vous, vous ne les vouliez que riches ?

PHILINTE. Sans doute.

ARISTE. Celui qui n'aurait pour toute fortune que des talens, des mœurs, de l'activité, vous le refuseriez, Philinte ?

PHILINTE. Je le refuserais tout net. Les talens sont une belle chose, quand ils ont fait leur preuve et recueilli leur récompense. La fortune est une chose actuelle, positive, très-facile à évaluer. Vous qui parlez d'indépendance, dites-moi si la fortune n'en est pas le gage le plus sûr ?

ARISTE. Ah ! laissons-là ces questions oiseuses. Il nous suffit de voir que, si vos demoiselles sont encore à marier, ce n'est ni la faute des mœurs, ni celle du tems. Quant à vos fils.....

Philinte. Ne voilà-t-il pas qu'ils se mêlent aussi de politique ! l'un e t ultrà - royaliste ; l'autre est chartrier Heureusement leur excellent naturel triomphe de l'esprit de parti : après avoir longtems disputé, ils ne s'en aiment que mieux. Mais, mais, combien n'a-t-on pas vu d'amis et même de frères assez foux pour devenir ennemis irréconciliables à cause des opinions ? Je ne connais point de passion plus emportée que l'esprit de parti. Peut-on raisonnablement espérer que d'aussi longs ressentimens s'appaiseront ? Non, non, Ariste. Tous les élémens de la discorde se perpétuent : ils passeront dans la génération future pour déchirer notre malheureuse France, et la faire périr dans les convulsions de la guerre civile ou dans l'épuisement qui la suit. Pourquoi la nation ne remettrait-elle pas au roi tout seul le soin de faire les lois et de les exécuter ? Le spectacle de ces chambres de législature, où l'on n'est jamais d'accord, est d'un trop funeste exemple. Je voudrais, de plus, qu'il n'y eût en France qu'un seul journal politique ; que ce journal ne donnât que les actes du gouvernement, et qu'il fût défendu, sous peine des galères, d'écrire sur les affaires publiques. Les gens de toutes les conditions ne seraient plus détournés de leurs propres affaires par l'attrait magique et dangereux des débats politiques consignés dans les feuilles du jour. L'effervescence qui fait bouillonner les têtes finirait par se calmer, et le délire cesserait. Qu'en pensez-vous, Ariste ?

Ariste. Bravo, mon ami ! en fait de principes politiques, vous étiez jadis, comme moi, dans la progression croissante; aujourd'hui vous voilà dans la progression décroissante, et vous revenez tout doucement à zéro. La doctrine de la liberté a voulu s'établir en France, quand les peuples européens la repoussaient; il serait curieux que nous adoptassions la doctrine du despotisme, quand presque tous les autres peuples la rejètent. Sans m'arrêter à la combattre, je vais examiner s'il nous serait possible d'être gouvernés par elle. Cela serait possible, Philinte, si les habitudes, les opinions et les intérêts de la majorité des Français ne s'y opposaient pas d'une manière directe. Eh bien! comptons les voix.

Selon les uns, notre population est la même qu'en 1789; selon les autres, elle s'est élevée à trente millions d'habitans : prenons le moyen terme, et calculons sur vingt-sept millions.

La monarchie française, telle que Louis XI et le cardinal de Richelieu l'avaient faite, possédait, il y a trente ans, toute la puissance que lui avaient arrachée les grands fiefs. Les formes de la féodalité restaient; mais toute sa force avait passé dans les mains du roi. J'appellerai donc *Féodaux* ceux qui desirent le retour pur et simple de l'ancienne monarchie; *Constitutionnels* ceux qui veulent le maintien de la loi fondamentale donnée et jurée par le monarque; et *Neutres* ceux qui ne prennent aucun parti dans la querelle

PHILINTE. Au nom du ciel, Ariste, comptez-moi

parmi les neutres : les féodaux me font pitié, et les constitutionnels me font peur.

ARISTE. Vous pensez donc que, du côté des neutres, se trouvent réunis le bon sens et le repos? Ah! mon ami, quelle erreur est la vôtre! Jetez les yeux sur les pages sanglantes du *Moniteur* en 94, et vous verrez les neutres accompagner tous les partis à l'échafaud. D'ailleurs, est-il possible de rester neutre au milieu de l'agitation universelle? non : dans les révolutions comme la nôtre, il arrive un moment où l'homme le plus froid, le plus réservé, sent la nécessité de s'unir à un parti : et les neutres d'aujourd'hui pourraient bien ne pas l'être demain.

PHILINTE. De quel côté passeraient-ils donc?

ARISTE. Bonne demande! du côté du plus fort. Mais je reprends mes cathégories.

FÉODAUX.

1. Petite église : cinq à six prêtres, cinquante dames ou demoiselles dont il faut respecter les intentions et la piété sincère, mais dont le caractère humble et modeste ne s'arrange point du prosélytisme; cinq à six cents paysans mystifiés par la clandestinité : le tout dans chaque département, l'un portant l'autre.

2. Partie des émigrés rentrés en 1814, minorité très-faible de la grande émigration.

3. Quelques anciens nobles et semi-nobles qui, ayant resté chez eux, ont su échapper aux proscriptions révolutionnaires.

4. Riches bourgeois, plutôt ennemis de la révolu-
tion que de la liberté, profondément persuadés que
leur repos et même leur existence tiennent au retour
de l'ancien régime; épicuriens chez eux, dévots par
ton, enchaînés par le respect pour des habitudes dont
le souvenir leur en impose plutôt qu'il ne les flatte;
gens estimables, mais faibles, qui ne sauraient suppor-
ter la disgrâce des féodaux; que ceux-ci caressent aujourd'hui, et qu'ils ne salueraient pas demain, si les
fiefs ressuscitaient avec les titres.

NEUTRES.

Classe nombreuse, répartie dans toutes les conditions, masse inerte sur laquelle passent les événemens
comme les nuages, sans les émouvoir ni les troubler
dans le cours d'une lente végétation.

CONSTITUTIONNELS.

1. Le roi.

2. Les princes, qui ont juré le maintien de la charte
devant les deux chambres.

3. Les ministres.

4. La chambre des pairs.

5. Toutes les parties de l'administration publique et
de la magistrature, à peu d'exceptions près.

6. Le clergé concordataire, irrévocablement séparé
de la cause féodale par son adhésion à la vente des
domaines nationaux.

7. Les corps savans et littéraires.

8. La vieille armée.

9. L’armée actuelle.

10. Les neuf dixièmes des campagnes où l’on maudit encore le souvenir des justices seigneuriales, des redevances, de la dîme, des champarts, du droit de chasse, etc., etc., etc.; et où l’on est émancipé à n’y plus revenir.

11. Les neuf dixièmes des villes de commerce dont l’esprit fut, de tout tems, si contraire aux prétentions de la noblesse féodale.

12. Les patriotes, avec toutes leurs variétés.

13. Quinze millions d’intéressés dans l’aliénation des biens nationaux.

On peut évaluer le nombre des constitutionnels à vingt millions, celui des neutres à six millions, et le reste formera le parti féodal.

Philinte. Mais, mais, qu’importe le nombre? c’est la qualité qu’il faut voir. La petite église est imposante par la pureté de sa doctrine et son désintéressement; les émigrés, par leurs malheurs et leur dévouement à la cause de la monarchie; l’ancienne noblesse, par son illustration; la haute bourgeoisie, par la tradition et la conservation des mœurs antiques.

Ariste. J’y consens, Philinte; mais tous ces titres à la vénération publique n’emportent point le droit de bouleverser l’ordre actuel de la société, pour le reconstruire avec de vieux matériaux.

PHILINTE. Eh! pourquoi ces vieux matériaux ne pourraient-ils plus servir?

ARISTE. Parce qu'ils ne conviennent plus au nouvel édifice. D'ailleurs, je vais vous mettre à l'aise : je vais professer avec vous, pour un moment, la doctrine du pouvoir absolu. Eh bien! si la volonté du monarque est d'abolir le principe féodal, d'admettre celui de la représentation nationale et tout ce qui s'en suit, de quelle manière vous y prendrez-vous pour justifier une volonté contraire? Le roi veut que la France soit libre : ne serait-ce pas un crime que d'agir contre une aussi magnanime résolution? Et ne dites pas que des considérations secrètes ont pu la déterminer; car Louis XVIII ne se trouvait sous l'influence d'aucune faction, lorsqu'il traça le plan d'une charte constitutionnelle : il l'a méditée pendant vingt ans. Environné des armées de toute l'Europe, il eût pu déclarer à la nation qu'il reprenait les pouvoirs de la monarchie tels qu'ils étaient jadis; et certes, les souverains qui l'avaient ramené sur le trône ne lui auraient pas refusé leur assistance. Quelle faction assez audacieuse, assez puissante, aurait conçu l'espoir de contrebalancer d'aussi grandes forces?

PHILINTE. Ah! ne me parlez plus de liberté. L'essai que nous en avons fait prouve qu'elle ne va point à ce peuple inconstant, frivole et corrompu, qui ne sait garder de mesure en rien.

ARISTE. Vous calomniez votre patrie, Philinte : c'est vous calomnier vous-même. Relisons ensemble un passage curieux des *Réflexions politiques* de M. de Châteaubriand : j'espère que cet écrivain ne vous sera pas suspect.

« Il est certain, dit M. de Châteaubriand, que nous
» sommes moins frivoles, plus naturels, plus simples;
» que chacun est plus soi, moins ressemblant à son
» voisin. Nos jeunes gens, nourris dans les camps ou
» dans la solitude, ont quelque chose de mâle ou
» d'original qu'ils n'avaient point autrefois. La reli-
» gion, dans ceux qui la pratiquent, n'est plus une
» affaire d'habitude, mais le résultat d'une conviction
» forte; la morale, quand elle a survécu dans les
» cœurs, n'est plus le fruit d'une instruction domes-
» tique, mais l'enseignement d'une raison éclairée.
» Les plus grands intérêts ont occupé les esprits; le
» monde entier a passé devant nous. Autre chose est
» de défendre sa vie, de voir tomber et s'élever les
» trônes, ou d'avoir pour unique entretien une
» intrigue de cour, une promenade au bois de Bou-
» logne, une nouvelle littéraire. Nous ne voulons
» peut-être pas nous l'avouer; mais, au fond, ne
» sentons-nous pas que les Français sont plus hommes
» qu'ils ne l'étaient il y a trente ou quarante ans?
» A quel bon marché on acquérait alors une réputa-
» tion dans les lettres, dans la politique, dans le
» militaire! Quels singuliers titres de renommée! et
» combien ceux qui les possédaient nous paraîtraient
» aujourd'hui médiocres, pour ne rien dire de plus!
» Sous d'autres rapports, pourquoi dissimuler que les

» sciences exactes, que l'agriculture et les manufactures
» ont fait d'immenses progrès? Ne méconnaissons pas
» les changemens qui peuvent être à notre avantage :
» nous les avons payés assez cher.

» Cessons donc de nous calomnier, de dire que
» nous n'entendons rien à la liberté : nous entendons
» tout, nous sommes propres à tout, nous compre-
» nons tout. En lui témoignant de la considération
» et de la confiance, cette nation s'élevera à tous les
» genres de mérite. N'a-t-elle pas montré ce qu'elle
» peut être dans les momens d'épreuve? Soyons fiers
» d'être Français. »

Mon cher Philinte, je finis par une observation dont
la vérité vous frappera sans doute. On nous dit, pour
nous détacher des principes libéraux, que cette doctrine
est belle, sublime en soi; mais trop au-dessus de la
faible humanité pour servir de base à nos institutions.
Oserait-on nous en dire autant de la religion chrétienne
dont la morale est encore plus austère, plus forte et
plus élevée? Le vrai chrétien doit être essentiellement
patriote : ses devoirs envers ses semblables, et parmi ses
semblables envers ses concitoyens, sont fondés sur la
charité, sur la loi d'amour ; et le comble de la corruption, dans les sentimens comme dans la langue, est
d'avoir fait du nom de patriote une injure. S'il est de
faux patriotes, il est aussi de faux dévots? Quelles
conséquences peut-on en tirer contre la religion et le
patriotisme? Parlons franchement : toutes les subtilités,
toute l'exaspération de messieurs les féodaux contre le

système libéral et constitutionnel prennent leur source dans un intérêt qui ne se cache plus. S'il était possible d'ôter de la question les domaines nationaux, la cause de l'ancien régime serait abandonnée, parce que l'impartialité réglerait enfin la discussion. Une sage liberté est notre unique réfuge contre l'insatiabilité des prétentions et la fureur des partis. Ne la croyons pas impossible, parce que nous nous sommes égarés en la cherchant; car il n'est pas d'exemple qu'un peuple l'ait saisie du premier coup : il faut l'acheter par de cruelles agitations et de grands sacrifices : c'est un besoin qui tourmente à présent les deux mondes; et l'opposition qu'éprouverait ce sentiment impérieux ne ferait qu'en augmenter la force. Que serait-ce donc si les alarmes de l'intérêt personnel, agissant sur la masse entière des populations, devenaient assez puissantes pour les ébranler? Il faudrait alors déplorer l'aveuglement d'un parti sans pudeur et sans frein, prêt à se révolter contre les chefs de l'état et de l'église, dès qu'il s'agirait de leur soumettre son orgueil dont on ne sent plus que le ridicule, et ses intérêts passés devenus incompatibles avec l'intérêt de la nation.

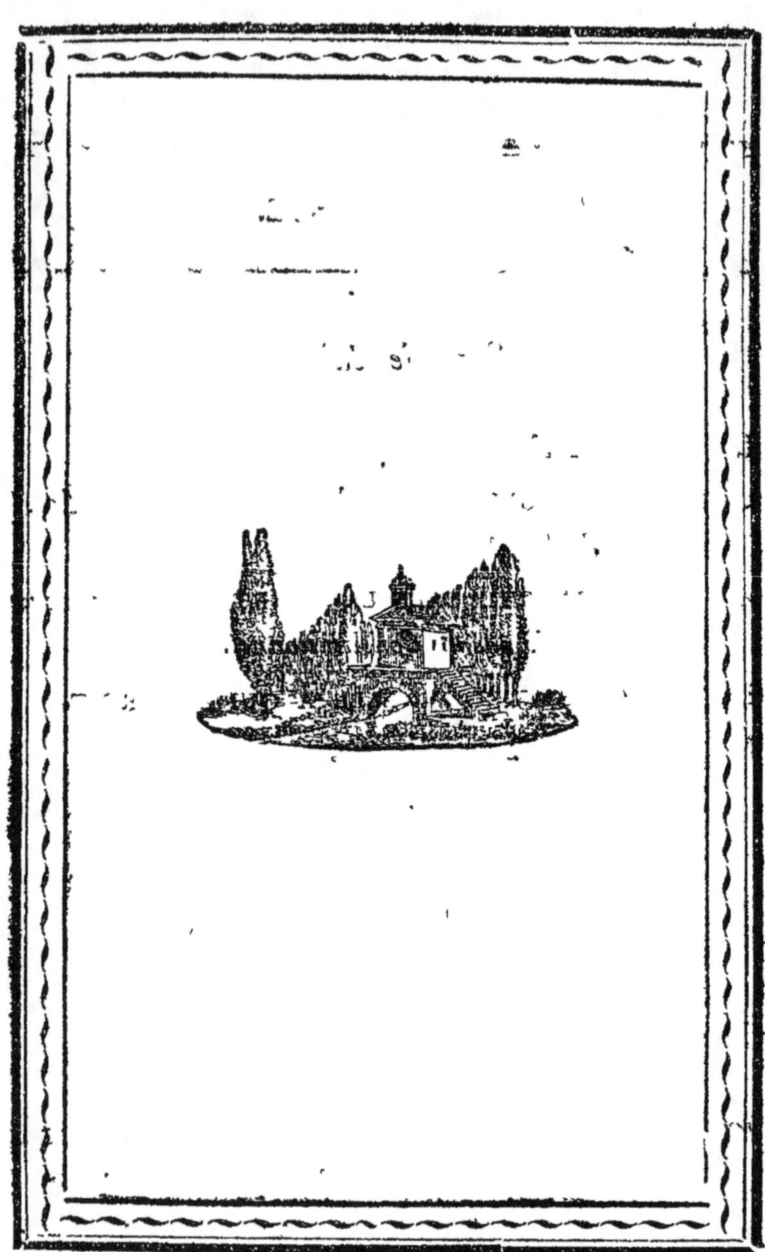